Mi Despertar Celiaco

Catalina Carrasco Gallegos

Contenidos

Prologo

En la primavera del 2006, ad-portas de cumplir 31 años de edad, me dio una anemia que no respondía al tratamiento médico, empecé a tener dolores estomacales que no se explicaban, estaba con indigestión y sangrado en las heces. Al investigar el origen del sangrado, llegamos al dentista con un sangrado de encías *imperceptible visualmente*, lo que podría explicar la anemia y la presencia de sangre en las heces.

Seguí visitando doctores y me diagnosticaron colon irritable, el cual tampoco respondía a los medicamentos y el doctor desacredito la intensidad de los síntomas y me respondió "*así no más es, tienes que estar tranquila y no pasar rabias*". La verdad es que estaba pasando por un periodo laboral bastante crítico, estresante y amenazante, así que me resigné a mi diagnóstico.

Al poco tiempo me dio un dolor en la mano, le eché la culpa al uso del mouse del computador y la traté como tendinitis. Al volverse profundo e intenso el dolor consulté a un traumatólogo, después de varios exámenes y dada mi sintomatología, el doctor me diagnosticó fibromialgia.

Empecé a atenderme con una neuróloga y en diciembre, al día siguiente de la noche buena sentía un dolor intenso en el dedo índice de la mano derecha, al día siguiente era peor y cuando me vio la doctora me examinó y notó perdida de sensibilidad en ese dedo; me envió a hacer unos exámenes específicos y me dio medicamentos para el dolor, pasado el año nuevo empecé a tener los mismos síntomas en el dedo anular y el dolor era insoportable, me caían lágrimas de los ojos cada día y noche por el dolor. Me hospitalizaron para observación y determinar que me estaba pasando ya que estaba avanzando a gran velocidad, en lugar de sanarlo o al menos detenerlo. Los doctores entraban, me despertaban, me hablaban, yo les respondía, entraban auxiliares me subían a silla de ruedas, me llevaban al laboratorio, a rayos, a box de atención de otros médicos. Me vieron médicos de muchas especialidades: neurólogos, hematólogos, gastroenterólogos, kinesiólogos, etc.

Yo abría los ojos para hablar con las personas y luego seguía durmiendo, mi familia estaba al lado mío y yo dormía.

Uno de los exámenes arrojó algo irregular y la neuróloga (que era mi doctora de cabecera) sugirió el diagnostico celiaco y pidió la opinión de dos gastroenterólogos. Hicieron dos exámenes más específicos para ese diagnóstico y ordenaron cambio de dieta para mí en la clínica.

Se confirmó el diagnostico, eliminaron el gluten de mi dieta y lentamente comenzaron a bajar los síntomas de mis dedos, los empecé a poder mover a mi voluntad y el dolor ya no existía.

Me visitó una nutricionista y me explicó que tenía que dejar el trigo, la avena, el centeno y la cebada, básicamente las pastas, el pan y galletas. Me dio una receta de queque a base de chuño. Me dieron de alta.

Empecé a hacer el queque que me indicaron en la clínica y ansiosamente tomaba once y desayuno con queque, no me medía en las cantidades. Ahora comprendo que en mi mente la abundancia de queque buscaba suplir la falta de libertad para elegir que comer. Nunca tuve preferencias por lo dulce, disfruto más lo salado.

Antes del diagnóstico estaba muy delgada y al mes de salir de la clínica había engordado dos tallas y lo mejor de todo estaba 80% recuperada la sensibilidad de los dedos de la mano.

En marzo 2007 consulte una gastroenteróloga para que ratificara el diagnostico, le lleve todos los exámenes que yo tenía (una carpeta llena). Me lo dejo clarito, ¡soy celiaca! Y me explico muchas cosas; entendí que no solo tenía que dejar las masas, ocurre que la industria alimenticia usa como comodín el gluten y lo ponen en las bebidas, las mayonesas, los lácteos, la comida deshidratada como las sopas, caldos, leche, jaleas; en las bolsitas de té, café, hierbas las usan para aumentarles el peso del producto. Los productos molidos en molino (como orégano, ajo, etc.) se cruzan con el trigo y esa *contaminación cruzada* me perjudica a mí.

Uf!!!

Me desoriente!

No sabía que podía comer!

Era más cómodo y seguro no comer!, pero yo disfruto tanto de comer! Para mí es un carrete cocinar y comer algo o salir a conocer comida nueva.

Había 2 partes dentro mío en conflicto, era como si yo no cabía en este mundo. El tercer milenio no me acogía a mí.

Prefería no salir para no tener que dar explicaciones en todos lados, por lo demás yo sufría por abstraerme de cosas que estaban sobre la mesa, que para más remate a mí me gustaban.

La última doctora me había dado el nombre de una corporación, Coacel y una fundación, Convivir, las busque en internet y me contacte con ellos. Averigüé en qué consistía la celiaquía en internet y comprendí que si no me cuidaba lo iba a pasar muy mal en la adultez madura.

Mi ego se sentía dañado, creía que estaba en inferioridad al resto del mundo, pero le explique (a mi ego) que lo viera al revés, que yo necesitaba cuidados especiales y que ahora yo demandaba más pulcritud que los demás, no por ello tengo menos oportunidades, por el contrario, tendría atención especial y personal.

Mi cuerpo emocional liberó su estrés, se sintió capaz de salir a la sociedad y explicar con toda paciencia las condiciones de mi alimentación, seguridad y tranquilidad. Sabiendo que no estoy complicando al entorno, sino que enseñándoles cómo me respeto a mí misma y como quiero que me acepten e integren.

Mi mente empezó a ganar conciencia, contaba con las demás partes de mi en comprensión y fluidez, por tanto se aliviaba la coordinación, gestión y potencia del trabajo de la mente.

Me armé de tiempo y salí al supermercado a estudiar los productos y sus contenidos. Hice mis páginas frecuentes www.fundacionconvivir.cl y www.coacel.cl. Arme mis menús favoritos a base de los productos 100% seguros, frutas y verduras lavadas, carnes, legumbres y harinas certificadas para golosear.

Mi cuerpo físico lentamente agradecía el cambio y empezó a eliminar las trazas de gluten que quedaban en él.

Un par de años después ya me había hecho un espacio en la sociedad, siento que me dan una atención especial, me regalonean, en las capacitaciones del trabajo donde dan colación (sándwich y gaseosa) me organizan y entregan una colación sin gluten a base de fruta, yogurt, frutos secos, jugos y/o golosinas certificadas (del listado) e incluso se han sumado más personas a esta alternativa sin tener intolerancias alimentarias.

Mi entorno familiar y amistades me apartan ensaladas para las onces y/o cuando nos reunimos planeamos opciones libre de gluten como carnes, sushi, ensaladas, etc…

He aprendido que cuando voy a un cumpleaños o fiesta, salgo de mi casa comida (satisfecha, sin hambre) y en las fiestas solo tomo agua mineral o té o me llevo 2 botellas de mi jugo certificado (uno para mí y otro para los demás). Si salgo de viaje, me llevo un queque y frutos secos para comer en el camino y/o cuando se dificulta encontrar comida 100% segura para mí.

Percibo que en mi entorno las personas empiezan a empatizar con mi comida y se atreven a salir de las típicas onces (té con pan), es como si necesitaran escusas para pedir algo distinto a lo común.

Me resultó muy constructivo hacer una lista de cosas que me gustan y si puedo comer, entonces cuando voy al supermercado o cuando entro a un restorán o voy a la casa de alguien y debo decir que puedo comer, en lugar de ver en mi mente comidas con una cruz roja encima negándolas, veo una lista larga de alimentos con tickets verdes al lado, hasta las veo dibujadas con colores luminosos y atractivos, entonces digo fluidamente lo que quiero comer.

También me ayudó el hecho de aprender a explicar mi intolerancia al gluten, porque en los restoranes debo consultar las preparaciones de los alimentos que estoy pidiendo y explicar por qué pregunto, para que no omitan ningún detalle o ingrediente cuando me respondan. Lo mismo aplica cuando voy a casa de amistades a cenar.

Me siento en comunión conmigo misma, disfruto la vida, me desenvuelvo tranquila y segura. Fluyo con armonía. Gozo de equilibrio.

… en Coacel aprendí, que este diagnóstico no es una enfermedad sino que una condición, ya que omitiendo el gluten de la dieta el organismo funciona normal (no enfermo), a diferencia de un diabético que su páncreas no funciona o funciona mal y por ello debe dejar el azúcar y en algunos casos inyectarse insulina. No tengo una enfermedad, es solo una *Condición.*

Este libro tiene el propósito de entregar información amplia y mejorable de la celiaquía, que es muy poco conocida a pesar que en los últimos años se ha dado a conocer bastante... Aún es poco para quien está diagnosticado. Este es mi testimonio y conocimiento recopilado con profunda consciencia y profesionalismo.

Definición

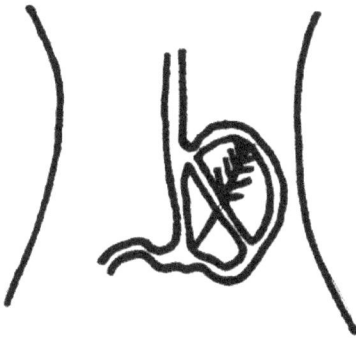

La celiaquía es una intolerancia permanente al gluten.

Intolerancia y alergia se gatillan desde el sistema inmunológico, se diferencian en donde hacen la reacción. La alergia involucra al sistema inmunológico, el cual controla como el cuerpo se defiende, una vez que el sistema inmunológico reconoce la presencia, toca, ingiere una pequeña cantidad o inhala un elemento alérgeno, el sistema inmunológico sobre-reacciona produciendo anticuerpos inmunoglobulina (IgE), los cuales viajan a las células que liberan químicos para producir una reacción alérgica. Los síntomas de reacción alérgica a los alimentos generalmente se ven sobre la piel: urticaria, dolor, hinchazón de la piel, los síntomas gastrointestinales pueden incluir vómito y/o diarrea, los síntomas respiratorios pueden acompañar a los anteriores mencionados y generalmente no se presentan solos. La anafilaxia es una reacción alérgica grave que se produce con mucha rapidez, esto pueden incluir dificultades para respirar, mareos o pérdida de la conciencia; sin un inmediato tratamiento (inyección de epinefrina) y atención médica, la anafilaxia puede ser fatal. En cambio la respuesta a la intolerancia alimentaria se produce en el sistema digestivo, dado que el organismo no puede *digerir* adecuadamente la comida, debido a una deficiencia enzimática, sensibilidad a aditivos o reacciones frente a químicos. La celiaquía es una enteropatía sensible al gluten, donde se dañan las vellosidades del intestino delgado. Los síntomas ante la ingesta del gluten, es diarrea y/o vómito, la agresividad e impulsividad de estos genera deshidratación, debilitamiento físico y decaimiento.

El gluten es una proteína presente en el trigo, centeno, cebada y avena, la presencia en la avena está siendo actualmente cuestionada, aparentemente el gluten no es parte de la estructura de la avena, no obstante dado que su siembra y cultivo es frecuentemente junto al trigo es inherente su acoplada contaminación cruzada. (ya hablaremos de contaminación cruzada más adelante). El gluten es, por así decirlo, un ingrediente natural de los cereales ya mencionados.

Sistema Digestivo

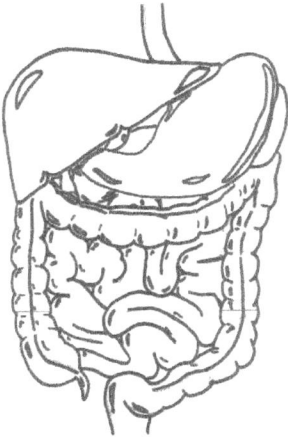

El sistema digestivo es el hospedaje de la celiaquía y se define como un tubo de aproximadamente 10 metros de longitud, que toma diferentes formas a lo largo de este, cuyas funciones llevan a una autorregulación funcional y completa, es decir regula la alimentación y la relación con la contextura y peso de la persona. El intestino delgado tiene una función controladora (portero funcional del segmento intestinal de la absorción) y las mucosas intestinales tienen el rol biosintetizador y contralor.

El sistema digestivo está compuesto por el tracto digestivo y unos órganos, que desarrollan las tareas de transporte, secreción, absorción y excreción.

El tracto digestivo comienza con la boca, la cual es la puerta del sistema digestivo y de las vías respiratorias, donde se toma todo lo necesario para la existencia física, emocional y sensorial.

El esófago es el paso para los alimentos al estómago a ser digeridos.

El estómago recibe el alimento y comienza el proceso de la digestión para colmar las diferentes necesidades del cuerpo en vitaminas, proteínas, etc. Cada estómago tiene su propio modo de funcionamiento, su manera de digerir. Desde la metafísica el estómago refleja el modo en que se absorbe e integra la realidad y la capacidad de digerir las nuevas ideas o situaciones.

El hígado metaboliza los alimentos, elimina los excesos de proteínas, grasas, azúcar y purifica la sangre.

La vesícula biliar es una reserva membranosa situada debajo del hígado y donde se acumula bilis que secreta, hasta que son necesarios en el intestino.

El páncreas mantiene el porcentaje de insulina que ayuda a la estabilización del porcentaje de azúcar en la sangre.

El duodeno recibe secreciones de las glándulas intestinales, la bilis y los jugos del páncreas.

Los intestinos son el centro de absorción e integración de los alimentos. El intestino delgado controla y discrimina lo que absorbe, mientras que la mucosa del intestino biosintetiza y audita.

El colon, es parte del intestino grueso que digiere los alimentos.

El recto es la parte terminal del intestino grueso encargada de expulsar lo que el organismo no necesita.

El ano es el orificio del recto que suelta lo que se requiere expulsar.

La digestión es el proceso mediante el cual los alimentos y las bebidas se descomponen en sus partes más pequeñas para que el cuerpo pueda usarlos como fuente de energía para formar y alimentar las células.

La capa muscular de las paredes de los órganos se mueven parecido a una ola del mar, el músculo del órgano se contrae estrechándose y después mueve lentamente la porción contraída hacia la parte inferior del órgano. Estas ondas alternadas de contracciones y relajaciones empujan los alimentos y los líquidos a través de cada órgano. El ingerir es parte de un proceso voluntario, en cuanto empieza se vuelve involuntaria y pasa a estar bajo el control de los nervios.

El músculo de la parte superior del estómago debe relajarse y aceptar volúmenes grandes de material para almacenar los alimentos y los líquidos ingeridos. La parte inferior del estómago se encarga de mezclar los alimentos, los líquidos y el jugo digestivo producido por el estómago. Finalmente el estómago vacía su contenido lentamente en el intestino delgado. A medida que los alimentos se digieren en el intestino delgado y se disuelven en los jugos del páncreas, el hígado y el intestino, el contenido intestinal se va mezclando y avanzando para facilitar la digestión posterior.

Todos los nutrientes digeridos se absorben a través de las paredes intestinales y se transportan a todo el cuerpo. Los productos de desecho de este proceso comprenden partes no digeridas de los alimentos, conocidas como fibra, y células viejas que se han desprendido de la mucosa. Estos materiales son impulsados hacia el colon, donde permanecen hasta que se expulsa la materia fecal durante la deposición.

Diagnostico

El diagnóstico de la celiaquía, consiste en unos exámenes de sangre, esto es:

- anticuerpos AntiEndoMisio (EMA, por sus siglas en inglés)
- anticuerpos AntiTransglutaminasa tisular o anticuerpos inmunoglobulina A (IgA), (IgA Anti-tTG)

Anticuerpo, es una proteína producida por el sistema inmunitario del cuerpo cuando detecta sustancias dañinas (antígenos, tales como bacterias, hongos, parásitos, virus o químicos). Cada tipo de anticuerpo es único y defiende al organismo de un tipo específico de antígeno. Se denomina trastorno auto inmunitario cuando el organismo producen anticuerpos erróneamente dado que el sistema inmunitario considera el tejido sano como una sustancia dañina.

Endomisio es una capa fina de tejido conectivo que envuelve las fibras musculares que rodea cada una de las fibras del músculo liso. El examen de sangre anticuerpos antiendomisio quiere medir si el organismo está produciendo proteína en defensa especifica del antígeno antiendomisio, es decir contra el endomisio, contra la conectividad muscular interna. Los anticuerpos anti-endomisio se desarrollan en respuesta a una lesión continuada de la mucosa intestinal. Estos auto anticuerpos causan hinchazón intestinal. Los resultados del examen son normales cuando son negativos, lo que significa que no se encontraron anticuerpos EMA en la sangre.

La transglutaminasa tisular es una enzima que repara los daños en el cuerpo. El examen de sangre anticuerpos antitransglutaminasa detecta la presencia de anticuerpos que atacan la transglutaminasa tisular. Por lo tanto, un análisis de sangre que muestre niveles más altos de anticuerpos antitransglutaminasa tisular es señal de que el organismo está impidiendo la reparación de los daños en el cuerpo.

A mí me realizaron el examen de sangre de anticuerpos anti gliadina desamidada, o sea contra los péptidos de la gliadina desamidada, DGP, DGP-AGA, que es una de las principales proteínas del gluten. Esta prueba busca el nivel de anticuerpos contra la gliadina desamidada que hay en la sangre. No obstante ya no se usa este examen, aparentemente los dos exámenes sanguíneos antes mencionados son bastante reveladores y fiables.

Si los exámenes de sangre dan resultado positivo, se lleva a cabo una endoscopia de vías digestivas altas para obtener

una muestra de un pedazo de tejido (biopsia) de la primera parte del intestino delgado (duodeno), para constatar la dimensión del aplanamiento de las vellosidades en las partes del intestino que están por debajo del duodeno.

Con estos 3 exámenes, se diagnostica la celiaquía; anticuerpos Antiendomisio, anticuerpos antitransglutaminasa tisular y colonoscopia.

Los exámenes sanguíneos son utilizados para llevar el control de la celiaquía, en mi caso la Transglutaminasa se normalizó a los 2 años, o sea mostró valores dentro de los rangos normales, es decir el cuerpo dejo de boicotear su propia mejoría.

El antiendomisio a los 5 años de positivo pasó a negativo con una dieta 100% libre de gluten es decir la mucosa está ahora sana; lo que quiere decir que el organismo se comporta cómodamente ya que no ha percibido gluten en el organismo que despierte los anticuerpos. La producción de estos anticuerpos específicos están en reposo y el organismo retrajo su estrés y ha ganado confianza nutricional nuevamente.

La persona con condición celiaca se clasifica de la siguiente manera:

- Típico Sintomático
- Subclínico
- Latente

Es típico sintomático, aquel paciente que tiene síntomas y además sus exámenes dan resultado positivo ante la evaluación de celiaquía.

Es subclínico aquel que no tiene síntomas pero si tiene sus exámenes médicos con resultados positivos.

Latente, aquel que no tiene síntomas, la mucosa intestinal es normal y (1) Fueron diagnosticados con celiaquía en la infancia y se recuperaron por completo tras el inicio de la dieta sin gluten, permaneciendo en estado subclínico con dieta normal (con gluten). O (2) con motivo de un estudio previo (predisposición genética por ejemplo) se comprobó que la mucosa intestinal es normal, pero posteriormente desarrollarán la condición celiaca.

3.- Diagnóstico

Ciclo De La Celiaquía

Como en muchas enfermedades debe estar presente la predisposición genética para que esta se desarrolle, lo que en el caso de la celiaquía conceptualmente consiste en la existencia en el organismo de la llave que reconoce el gluten, una manera didáctica y tecnológica de decirlo es que los celíacos tenemos un scanner de resolución muy fina que distingue el gluten.

Dada la predisposición genética a desarrollar la celiaquía (los estudios en la comunidad con

GEN HLA DQ2 o DQ8

condición celiaca muestra la presencia del gen hla dq2 o dq8), si y sólo si se dan las condiciones ambientales la celiaquía se desarrolla. Las condiciones para despertar el gen, es una baja de defensas muy muy grande, como por ejemplo una cirugía con mucha pérdida de sangre, un estrés muy elevado, una infección de proporciones importantes o un embarazo, son sólo ejemplos de debilitamiento en el sistema defensivo del organismo.

Una vez que se activa el gen que reconoce el gluten, al momento de ingerir el péptide del gluten, este llega al intestino dónde tiene contacto con la vellosidad de la permeabilidad intestinal, la transglutaminasa modifica el péptide, el organismo reacciona aumentando los linfocitos T, ello irrita el intestino, se erosionan las vellosidades intestinales, se aplana las paredes internas del intestino. Los síntomas que percibimos en este momento es diarrea y/o vomito.

El camino no feliz, ya sea que no tenemos conocimiento de nuestra intolerancia al gluten por un diagnóstico impreciso o por estudios que no dan en el punto aún o que desconocemos la presencia del gluten en lo que estamos ingiriendo o por rebeldía a la abstención del gluten... Un intestino de paredes planas, no tiene manera de absorber los nutrientes de lo que se come, lo que conlleva a la desnutrición y anemia. Los signos de la desnutrición son: abdomen inflado, baja potencia muscular, prurito, lesión en el esmalte dental, herpes, epilepsia, calcificación cerebral, depresión, ansiedad, menarquia tardía, menopausia anticipada, entre otros.

GLUTEN

TRANSGLUTAMINASA

PEPTIDE
GLUTEN

LINFOSITOS T

DESNUTRICION

Las consecuencias de no nutrir nuestro organismo, es el deterioro progresivo de este, inicialmente se afectan las partes más débiles que se tengan, llevados al extremo se pueden desarrollar tuberculosis, septicemia, neoplasias, cáncer de hígado, cáncer de intestino delgado, linfomas, hipotiroidismo, infertilidad, enfermedad a la sangre, a la piel, a los huesos, artritis reumatoide, patologías hepáticas, enfermedades en tejidos conectivos, y otros.

El camino feliz es cuando nos abstenemos de la ingesta de gluten de por vida, la vellosidad intestinal vuelve a crecer, las paredes internas del intestino cicatrizan, sanan y retoman su funcionamiento normal. Así nuestro organismo funciona con total salud mientras no tomé contacto con el gluten. Mientras no haya gluten en su radar el organismo funciona con normalidad.

Tratamiento Y Cuidados

Afortunadamente el gluten es totalmente prescindible en el organismo, a pesar de ser una proteína, la carencia del gluten en nuestro cuerpo no genera ningún deterioro ni mal funcionamiento. Si es por consumir proteínas hay proteínas en tantos otros alimentos, así que la abstención del gluten no implica ningún riesgo para la salud, ni aun en una persona sin intolerancia al gluten.

El único tratamiento para la condición celiaca es una dieta permanente libre de gluten, es un tratamiento 100% efectivo y saludable. No dependiente de fármacos.

Una dieta libre de gluten en nuestra cultura chilena y en estos tiempos requiere mucha capacidad de interés y dedicación ya que en la industria alimentaria el gluten es un comodín muy atractivo por sus capacidades de dar consistencia, esponjosidad y cuerpo a los alimentos, bebidas y medicamentos; digo en estos tiempos porque está muy arraigado en nosotros consumir productos industrializados en lugar de hacerlos completamente nosotros mismos, con esto me refiero por ejemplo a la mayonesa, a las sopas, a los jugos, los helados, hasta las carnes hoy vienen marinadas para ahorrarnos tiempo de preparación. Bueno es muy común que los productos que pasan por una industria alimentaria contenga gluten, por tanto la manera de consumir productos sin gluten es leer etiquetas de ingredientes conociendo a cabalidad todas las variantes de los derivados de los cereales que contienen el gluten y confiar en ellos sí y sólo si nos consta que el rotulado está completo.

La manera más simplista para alimentarse sin gluten es comer de la feria, como digo yo, todos los vegetales, frutas, verduras, carnes, pescados, legumbres, solo se deben evitar 4 cereales (trigo, avena, centeno y cebada) con sus derivados.

Los derivados del trigo son; mote, sémola, harina de trigo integral o blanca, cuscús, brotes de trigo y lo que con ellos se fabrica; la ostia de la comunión usada en las misas católicas (no sé si en otras religiones también, solo conozco la misa católica), pan, fideos, pasteles, tortas, cereales para el desayuno, café descafeinados, licores como el vodka, wisky, la malta y algunas cervezas por dar unos ejemplos. Los brotes se utilizan en jugos y ensaladas.

Avena, se produce principalmente en avena común con cáscara, grano pelado estabilizado, avena arrollada gruesa, hojuelas, brotes de avena y harina, además de otros productos. En el comercio principalmente está como hojuelas y barras de cereal.

El grano de centeno se utiliza para la elaboración de aguardiente, algunos wisky, harina, cerveza kvas, vodka, sucedáneos del café y harina, básicamente en la industria de la alimentación. Además está el brote de centeno usado como ensalada o jugos.

La cebada se usa para hacer pan. Copos de cebada se preparan a partir de los granos enteros secos para comer crudos en muesli o cocidos. La cebada perlada se usa en sopas y estofados. La cebada integral es el grano entero. La cebada se utiliza para la elaboración de levaduras y cervezas y los brotes de cebada para jugos o ensaladas.

Prevención De La

Celiaquía

La leche materna es un modulador y monoregulador digestivo natural y de calidad insuperable. Se piensa que la celiaquía se puede prevenir con una lactancia materna de al menos todo el primer año de vida.

Además, es importante incorporar la ingesta de gluten del bebé de manera controlada, lo más tarde posible (después de los 8 meses) y debe ser en paralelo con la lactancia materna. La idea es no aislar al bebé del gluten, por el contrario, darle tiempo a su organismo que mientras sigue desarrollándose y madurando el sistema digestivo tenga la presencia del gluten para que la leche materna le ayude a adaptarse al nuevo y hasta ese entonces desconocido alimento. Lo relevante de hacerlo después de los 8 meses es que su sistema digestivo este más desarrollado y fortalecido.

Por otra parte, si tenemos la predisposición genética y ya dejamos el seno materno hace tiempo, podemos prevenir la celiaquía cuidando minuciosamente nuestro sistema inmunológico, vale decir, atender permanentemente las defensas del organismo desde el interior evitando el estrés y poniendo mucha atención y cuidados proactivos ante imprevistos como contagios de virus o bacterias y en cirugías de mucha pérdida de sangre. No dejarse estar ni forzar al organismo a que responda solo, ayudémosle con todos los medios que tengamos para que se recupere rápido y este debilitado el menor tiempo posible para que no despierte el gen celiaco.

Que Significa Sin Gluten

Gluten es el nombre con el que se denominan las proteínas que se encuentran en los cereales trigo, avena, centeno y cebada. Un grupo de estas proteínas se denominan gluteninas y otras prolaminas, según el cereal dónde se encuentra toma distintos nombres:

- Gliadina, la prolamina presente en el trigo.
- Secalina, la prolamina presente en el centeno.
- Hordeina, la prolamina presente en la cebada.
- Aveina, prolamina presente en la avena.

Las gliadinas y gluteninas aportan esponjosidad a los productos. La gliadina da elasticidad y plasticidad a las masas. Las gluteninas entregan solides y estructura.

El gluten se utiliza en la industria alimentaria como espesante, aglutinante, gelificante, estabilizante, colorante natural, acelerador del proceso de secado, entre otros.

En las etiquetas se puede encontrar como almidón, almidón modificado, amiláceos. A menos que diga almidón de maíz o almidón de papa o especifique de que es el almidón, existe el riesgo que sea almidón de trigo u otro cereal que contiene gluten.

La rotulación de cereales, féculas, harina y sémola; Si no especifica ser cereal de quínoa o harina de garbanzos u otra especificación que nos deja claro que es libre de gluten, la ambigüedad constituye riesgo ya que lo más masivo, económico y fácil es el trigo y avena.

Proteína, proteína natural hidrolizada, proteína vegetal, proteína vegetal hidrolizada. Recordemos que el gluten es una proteína, así que si no especifica que proteína es, podría ser gluten.

Sí no especifica procedencia los aditivos de cereales, estabilizador, aromatizantes, espesantes son potenciales riesgos.

Por sus aportes de aglutinación, elasticidad, solides y otras, el gluten es usado tanto para la fabricación de medicamentos como de alimentos tales como lácteos (manjar, leche, yogurt, margarina, quesos, quesillos), embutidos (vienesas, cecinas, choricillos, paté, jamón, longaniza, mortadela), deshidratados (sopas, jugos, jaleas), concentrados del tipo caldos, salsas, mostazas, mayonesas, kétchup, aliños, aceto balsámico, bebidas, jugos, caramelos, snack, galletas, harinas, almidones, productos horneados, chancaca, levadura, chocolate, mouse, flan, helados, hamburguesas, arroz pre preparados como primavera, con champiñones y otros, conservas, mermeladas. Por supuesto galletas, pan, fideos, masa para pizza, palitos de cóctel, tortas, pasteles, barras de cereales, hojuelas de cereales.

Básicamente todo lo industrializado es un potencial riesgo de contener gluten, no obstante en los pasillos de alimentos de dietas especiales o alimentos internacionales o alimentos orgánicos o naturales de los supermercados, existen alimentos cuyos envases dicen *libre de gluten* o *sin tacc*, ya que son certificados.

Los alimentos certificados, son alimentos que fueron examinados en un laboratorio en busca de la cantidad de gluten y/o prolaminas que contiene su producto final. En gran parte de

Europa la legislación indica que si el producto tiene 20 ppm (partículas por millón) de gluten o menos cumple la norma para ponerle el sello *sin gluten*; en España particularmente la norma es 10 ppm de gluten, en Argentina es 2 ppm de gluten y en Chile es 3 ppm. Así es como un producto italiano, por ejemplo, aún rotulado *sin gluten* nos puede caer mal.

En Chile la fundación Convivir es la entidad que, desde algo así como una década, está en su misión de apoyo al paciente diagnosticado con la condición celiaca a través de la información, rotulación y certificación de productos, personalmente ha sido de gran apoyo para mí y le he entregado mi confianza, por su trasparencia y persistencia en su trabajo.

La fundación Convivir, confecciona periódicamente una lista de alimentos seguros, cuyo proceso consiste en: (1) la empresa interesada pide ser evaluada, (2) la planta es auditada en pleno proceso productivo (3) el producto es analizado en laboratorio, (4) Si tiene menos de 3 ppm de gluten (1,5 de prolamidas) es entregado el sello y se incorpora a la lista de alimentos seguros publicada en www.fundacionconvivir.cl (5) trimestralmente los análisis deben ser revalidados de lo contrario se publican como producto que *no ha renovado análisis* lo cual es una alerta para el consumidor con celiaquía de que es más seguro abstenerse de ese producto. (6) De salir sobre la norma la revalidación del producto, será publicado como *producto que sale de la lista de alimentos seguros*, si cumple la norma se mantiene en la lista de productos seguros.

Afortunadamente fundación Convivir abarca el campo de los medicamentos también (listado de medicamentos seguros) y ha sido sustancial el avance en la rotulación específica y completitud de los ingredientes, especialmente de los excipientes, los cuales daban a conocer los principios activos pero no así los almidones. A mi parecer aún falta un poco la rotulación en relación a los colorantes. En la lista de medicamentos certificados también se despliegan productos de uso personal tales como pasta dental, enjuague bucal, cremas labiales o cosméticos labiales que, aún que sea imperceptible son productos que se ingieren y llegan al sistema digestivo.

Como recomendación personal, puedo agregar que ante necesidad y desconocimiento del medicamento recetado, el orden de preferencia para evitar un efecto adverso en nuestra condición celiaca es: inyección, pastilla sublingual (ambas opciones no llegan al sistema digestivo), gotas, jarabe y finalmente pastilla. Las pastillas son siempre las más riesgosas de contener gluten. Cremas, lociones, talcos, mentolatos o similares no deberían ser amenaza para quien tiene diagnosticada la celiaquía ya que el sensor y reactor está en el sistema digestivo, ahora si adicionalmente tienes alergia al gluten, estos productos tópicos podrían afectar nocivamente.

Como Se Contaminan

De Gluten Los

Alimentos

Un alimento naturalmente libre de gluten o un alimento rotulado sin gluten, puede ser **contaminado** con gluten mediante la contaminación cruzada, esto significa que involuntariamente se le añade gluten a través del contacto con: alimentos, utensilios o las manos de quien está manipulando el alimento, este riesgo está presente tanto en la industria, en el almacenaje (tienda, supermercado u otro) y en el hogar.

A la contaminación cruzada en la industria o fábrica alimenticia no me referiré ya que como consumidor final no tenemos influencia más que abstenernos de los productos o elegir solo los que están en la lista de certificados de la fundación Convivir.

En el almacenaje me refiero a que en toda la cadena desde su elaboración o extracción (en el caso de los vegetales) hasta el consumidor el producto debe estar almacenado aparte de los productos que contienen o pueden contener gluten, ya que el solo hecho que el envase de una bolsa de harina de trigo (por ejemplo) se rompa, contamina el envase del producto libre de gluten y cuando el consumidor toma ese paquete ensucia sus manos y las manos los utensilios o el producto sin gluten propiamente tal.

En la despensa del hogar, son pocas las cosas englutinadas que se almacenan, probablemente no es mucho más que pan, fideos, sémola, galletas, pasteles, tortas y harina de trigo (en algunos pocos casos). Ahí la recomendación es reemplazar para siempre las harinas y sémolas por alternativas libres de gluten, como maicena, chuño, harina de arroz (para espesar) y arroz, quínoa, amaranto para adicionar a las sopas, por ejemplo. Y lo que es muy difícil de reemplazar para la familia sin condición celiaca como fideos, pan, pasteles, galletas, torta almacenarlo muy protegido en un mueble aparte o en una bandeja independiente y exclusiva para ello en el refrigerador (en el caso de tortas y pasteles).

La contaminación cruzada en las tostadurias: por ejemplo si vemos que venden harina tostada, incluso algunas tienen la máquina a la vista como muestra de trasparencia, además venden maní, almendras y variedad de frutos secos tostados. La contaminación cruzada de la harina a los frutos secos en la tostadora es real (a menos que se haga una limpieza profunda antes de procesar aquello sin gluten), así que en mi opinión mejor abstenernos de comprar en esa tienda los frutos secos

En lo personal, soy consumidora frecuente de las papas fritas, además de hacerlas en casa, en ocasiones compro en los restaurantes y negocios en general, lo primero es preguntar si son de papas naturales o de papas pre fritas congeladas, si son naturales... primera prueba superada!, pregunto o me fijo si ahí venden empanadas fritas; el aceite de freír es otro medio de contaminación cruzada para los alimentos que ingerimos. En los restoranes suelen ser fritas en aceites separados, no obstante es mejor preguntar para asegurarse.

Cuando en los restaurantes, quiero ordenar cazuela, pregunto si el caldo tiene fideos, ya que si lo tiene, toda la comida está contaminada con gluten, no es una buena opción consumir todo el plato dejando los fideos de lado.

La contaminación cruzada en el hogar es la que debemos conocer y atender minuciosamente para mantenernos sanos, esto es: mantener siempre aislado el gluten de los alimentos que consumimos, es decir duplicar y separar panera, esconera, mantequilla, mermelada, paté, manjar, jamón, queso, todo aquello que le ponemos al pan. La contaminación cruzada ocurre mediante el servicio, cuchillo por ejemplo, cuando sacas mantequilla con el cuchillo desde la mantequillera y la aplicas al pan con gluten, llevas nuevamente el cuchillo a la mantequilla para sacar un poco más, transportas migas de pan con gluten a la mantequilla que no necesariamente extraes o ves y cuando vas a tomar mantequilla de esa mantequillera para poner en el pan sin gluten, podrías acarrear esas migas de gluten al pan sin gluten, contaminándolo. Lo mismo es aplicable a todo lo que le pones al pan, lo más seguro es tener duplicado esos alimentos y

utensilios (panera, esconera, etc.). Lo que personalmente hago es tener una mantequillera sin gluten con la totalidad de la mantequilla o mermelada o paté o queso o jamón y de ahí saco para poner en un pocillo aparte para englutinar, ya que si se acaba la mantequilla para englutinar, solo saco más de la mantequillera libre de gluten para rellenar, ya que al revés no es factible.

Una vez en la mesa, el servicio que ocupa la persona con intolerancia al gluten, debe ser de uso exclusivo de él/ella, ya que compartir y mezclar cuchillo o servilleta o plato o vaso es cruzar el gluten a lo libre de gluten.

Cuando hay platos de ensaladas centrales en la mesa y los demás están comiendo con gluten (pastas, aderezos, apanados o pan simplemente), sugiero que la persona con condición celiaca saque ensalada de los primeros o directamente en la cocina se arma su plato aparte ya que las miguitas que los comensales tienen entre sus alimentos pueden contaminar una ensalada libre de gluten y finalmente llegar al consumo de la persona que no tolera el gluten.

La vajilla, el servicio, mantel y servilletas de género, basta con el lavado consciente para liberarlo del gluten, me refiero con detergente o lavaloza según corresponda y no sólo con agua. Ahora las ollas, sartenes, cucharones, coladores, tabla de picar, entre otros, es ideal tener duplicados para preparar los alimentos libres de gluten ya que con la temperatura los materiales absorben partes del alimento que a simple vista no vemos y muchas veces no necesitamos ver, solo que en este caso de sensibilidad puede ser relevante.

En el caso de la bandeja del horno, es muy práctico y seguro usar ese papel metálico para cubrir la lata y sobre ello poner lo que se hornee, ya sea con o sin gluten, luego se desecha y lavan las paredes y bandeja del horno con mucha prolijidad.

También hay que tener el cuidado en el horno microondas, limpiarlo prolijamente después de usarlo con algo con gluten o antes de usarlo con algo que la persona con condición celiaca va a consumir.

En el caso de electrodomésticos que toman contacto con el gluten, es recomendado tener duplicado para asegurar la no contaminación cruzada, con esto me refiero a tostador (eléctrico o no) y sanguchera por ejemplo.

Cabe mencionar que si en la mesa o en la cocina, se ocupa un cuchillo para partir un pan con gluten, antes de pelar un tomate o de picar una carne y una torta sin gluten, debe ser lavado con detergente o simplemente usar otro cuchillo. Es más pertinente esta observación para cuando se cocina que en la mesa propiamente tal, ya que en la mesa la persona con celiaquía no debe compartir su servicio y lo debe cuidar de no contaminar con gluten.

Alimentos 100% Seguros

Hay estudios que señalan que poner en nuestra mente la imagen de lo prohibido y tacharlo o negarlo (cigarro, comida, etc.) solo aumenta la dificultad para la abstención ya que la imagen fue puesta en la mente y la negación solo la hace más atractiva. En consonancia con esa revelación, es que debemos poner en la mente lo permitido para no gastar energía en la sustitución de elementos. Siguiendo esta premisa a mí me resultó tremendamente útil hacer un listado de lo permitido comer.

Como la dieta libre de gluten, tiene dificultad particularmente en Chile donde culturalmente está tan arraigado el gluten en todas las comidas del día, es que quiero detallar extensamente lo que sí se puede comer, indudablemente estará incompleta, la invitación queda abierta a complementarla y personalizarla a los gustos de cada cual.

Vegetales; aceituna, acelga, ají, ajo, alazán, alcachofa, aloe vera, achicoria, apio, apio nabo (raíz de apio), arrurruz, arveja, berenjena, berenjena china, berro, betarraga, brócoli, camote, cebolla, cebolla perla, cebolla vidalia, cebollín, champiñón, choclo, brúcela, coliflor, colinabo, diente de dragón (brote de soya), brote de alfalfa, endibia, espárrago, espinaca, guisante, haba, hinojo, hoja de parra, jengibre, lechuga, lechuga chilena, lechuga costina, lechuga de hoja roja, lechuga escarola, lechuga francesa, nabo, papa, pepino, pimiento, picle, poroto verde, puerro, rábano diakon, rábano negro, rábano, repollo, repollo crespo, repollo morado, ruibarbo, rucula, soya verde, tomate, tomate cherry, tomatillo, vaina de guisante, yuca o mandioca, zanahoria, zapallo, zapallo italiano. En preparación de ensalada, guiso, salteada, en tortilla, sopa, crema.

Frutas;
arándano, arándano rojo, caqui, cereza, chirimoya, ciruela, clementina, coco, dátil, damasco, durazno, frambuesa, fresa, frutilla, granada, granadilla, guayaba, guinda, higo, kiwi, limón, lúcuma, mango, manzana roja, manzana verde, manzana, manzana silvestre, mandarina, maracuyá, melón

amargo, melón tuna, melón dulce, melón persa, melón, membrillo, mora, mora-frambuesa, naranja, naranjita china, nectarina, níspero, noni, palta, papaya, pera, tuna, pasa de corinto, pasa rubia, pasa en general, pera, pera asiática, piña, plátano, pomelo, sandía, tuna, uva, uva de champán, uva moscatel. Servido al natural, en almíbar, en jugos, con leche, mermelada.

Carnes; vacuno, buey, oveja, cabrito, cerdo, ternera, jabalí, caballo, potro, ciervo, cordero, venado. Pollo, pato, pavo, conejo, liebre.

Pescados; bacalao, anguila, angula, arenque, atún, bagre, coporo, barbo, besugo, blanquillo, boquerón, caballa, catalana, carite, carpa, cazón, congrio, corvina, curbina, dorada, espada, esturión, gallo, lamprea, pez espada, lenguado, lebranche, lubina, lucio, mero, merluza, merluza pequeña, pancho, pargo, parguito, raya, rape, reineta, róbalo, rodaballo, salmonete, salmón, sardina, sargo, pavón, tajalí, tiburón, tilapia, trucha, trucha asalmonada, verdel o caballa. Preparados a la plancha, asados, al horno, en guisos, a la cacerola, en anticucho o brocheta, salteado, al vapor .Si deseas el pescado frito puedes hacer el batido con una cucharada de maicena, una cucharada de chuño y un huevo.

Mariscos, almeja, bígaro, berberecho, bogavante, buey de mar, cañailla, calamar, chipirón, camarón, cangrejo de mar, cangrejo de rio, carabinero, centollo, chorito, cigala, coquina, erizo, erizo de mar, jaiba, galera, gamba, gamba roja, langosta, langostino, loco, mejillón, nécora, navaja, ostra, percebe, pulpo, sepia, viera o vieira. Preparados en sopa, consomé, curanto, pulmai, mariscal caliente, jardín de mariscos, al pilpil, en cebiche, a la parmesana.

Legumbres; arveja, garbanzo, haba, lenteja, lenteja roja, lentejas verde (arveja), poroto de soya, poroto, poroto blanco, porotos hallado, porotos negro, poroto pinto, poroto rojo, poroto español, poroto granado, poroto pallar, poroto cristal, poroto tamarindo, pepa de zapallo. Preparados en guisos con verduras, en crema o puré, hummus, ensaladas frías.

Cereales; alforfón, amaranto, arroz integral, arroz salvaje, arroz basmati, linaza, mijo, palomitas de maíz, polenta, quínoa, pipocas de quínoa, sorgo, teff, tapioca.

Frutos secos y semillas; amapola almendra, anacardo, avellana, castaña, castaña de caju, maní, nuez, linaza, pistacho, piñón, sésamo.

Al menos a mí me pasó que estaba acostumbrada a comer siempre lo mismo y con la celiaquía aprendí que hay muchas más alternativas que no estaban en mi repertorio y los alimentos se consiguen en los supermercados grandes o algunas tiendas de alimentos o hasta en la feria, solo que no había ampliado la visión y no me había abierto a probar nuevos sabores. Les invito a animarse a probar cosas que aún no conocen y notarán que es amplio el menú que puedes armar para tu lista personalizada. Bienvenidos a diversificar la compra de alimentos mensual del supermercado.

Consciencia y Equilibrio

en la Ingesta de

Alimentos

Es importante conocer que estamos consumiendo cada vez, especialmente cuando horneamos o consumimos pastas que están preparados con una alternativa al trigo, ya que algunas harinas especiales o fideos sin gluten son a base de arroz, arroz y choclo, solo choclo o papa, en fin cualquiera de ellas está bien porque es sin gluten, no obstante la ingesta de alimentos debe ser balanceada.

Si en un día común, al desayuno te comes un pan hecho de arroz, al almuerzo te sirves una paella (arroz), a la once o colación galletas dulces de arroz y en la noche un postre de arroz con leche... Ufff será un día cargado al arroz sin notarlo: si esto se repite cada semana y además otro día de la semana comes fideos de arroz y de cena pizza sin gluten a base de arroz se convierte una dieta aparentemente variada, no obstante muy recargada para nuestro sistema digestivo y se puede desarrollar una resistencia al arroz.

Resistencia o sensibilidad alimentaria es un proceso inflamatorio por saturación de una ingesta, que puede acarrear molestias como son: ganar peso; problemas digestivos como la sensación de hinchazón, gases, estreñimiento; problemas respiratorios como la rinitis o asma; cefaleas, atopias dérmicas, fatiga, vómitos, diarrea, entre otros.

La invitación es a leer y tener presente los ingredientes de los consumos de harina y se consideren para tener una dieta balanceada.

En primavera y verano es fácil abstenerse de horneados, ya que puedes desayunar frutas, cereales con leche de almendras y de once ensaladas con alguna carne, incluso en otoño puedes sostener está rutina. Quizás en invierno el cuerpo nos pide con mayor regularidad carbohidratos del tipo pan, queque, sopaipilla, pastas, por tanto ahí distanciar los almuerzos de arroz, choclo, polenta, papa.

Algunas alternativas de desayuno u once sin pan:
- Leche de almendras con pipocas de quínoa dulce, té y fruta.
- Jugo de fruta, con tortilla de arrocita con palta/jamón y té.
- Omelet de queso y jamón, con té.
- Omelet de choclo, champiñones y queso, con té.
- Omelet de tomate, pimiento y queso, con té.
- Jugo de pomelo, huevo a la copa y té.
- Ensalada de frutas y frutos secos con yogurt.
- Paila de huevos con jamón y té.

Impacto Emocional

Psicológico

Es muy difícil, por no decir imposible, reaccionar indiferente en armonía y paz a la abstención del gluten, sea a la edad que sea el diagnóstico, aun cuando sea de nacimiento. Hay un quiebre emocional psicológico en la condición celiaca. Una restricción de esta envergadura, inserta en la cultura chilena dónde el pan está en todas las comidas y en estos tiempos, donde esta tan arraigado el consumo de productos industrializados que usan gluten como comodín en sus productos.

En mi caso, crecí toda mi infancia, adolescencia y juventud sana y fuerte comiendo de todo, sin restricciones alimentarias, repito sana. A los 30 años luego de tener mucho malestar y síntomas muy agresivos, como conté en el prólogo, con la abstinencia del gluten, me embargo un profundo alivio. Me sentí muy agradecida y afortunada de encontrar el diagnóstico acertado.

La primera etapa fue de recogimiento e introspección, fue para reenergizar y fortalecer mi cuerpo. Centrarme en aprender de mi nueva alimentación.

Cuando me tocó salir de mi burbuja, y empecé a moverme en el círculo más íntimo, familiar, que tenían conocimiento de la crisis de salud y el cambio alimenticio y aun no nos habíamos encontrado, fue mirarlos verme con lastima como si tuviera una enfermedad terminal o invalidante, otros familiares actuaron como si no ocurriera nada y evitaban hacer frente a mi nueva condición. Quede por un momento en una posición muy disminuida.

Decidí hacerme la valiente y revertir esa imagen que se habían formado de mí, además mi cuerpo físico a esta altura estaba más fuerte, así que me acompañaba energéticamente en mi posición mental. Empecé a mostrar en mi entorno las alternativas que me resolvían mi alimentación y que yo no estaba complicada, tenía muchas cosas resueltas. Empecé a sentir que podía apoyarme en mi círculo más íntimo porque me reforzaban dándome lo que podía consumir y no complicándose con mi nuevo régimen alimentario.

Con esta etapa superada me sentí con la seguridad de salir más lejos y abrirme a espacios sociales más amplios y laborales, primero con timidez, absteniéndome de comer y explicar mi restricción para no quedar como una persona que hace desaire a los dueños de casa, en especial con quien prepara la comida. Empecé a notar que me la pasaba dando explicaciones y quedaba con hambre en esas reuniones sociales.

Empecé a descender a un estado de insatisfacción, decaimiento, desintegración... Sentía que no cabía en el mundo el tercer milenio le abría los brazos a todos excepto a mí, entrar a un supermercado es ir a comprar cosas de aseo nada más, la comida constituía amenaza para mí, ir a un restorán era comer con mucha inseguridad o comer muy frío, solo ensaladas. Ir de visita era pasar hambre mientras otros comían cosas que a mí me gustan y desearía comer, pero comerlas es destruir mi organismo y sentirme tan mal como antes del diagnóstico. Era como que tenía que elegir entrar al mundo y violar mi cuerpo o quedarme al margen del mundo.

Me sentía agotada y cualquier preparación de mi comida requería mucho trabajo, el pan no lo puedo comprar en la esquina, de comprarlo tengo que ir lejos y no va a estar calentito y oliendo sabroso. O debo fabricarlo yo misma con las rabias pertinentes de que cuesta amasarlo y el resultado final dista mucho de las expectativas que había en mi mente, según la historia vivida de lo que es un pan.

Desilusión, rabia, frustración tiñeron mis días. Le puse optimismo, despertaba con ánimo, lo cual se fue transformando y llegaba al final del día muy desmotivada. En todo caso, yo tomé consciencia de esta etapa cuando salí de ella, de haberlo notado antes, hubiera pedido ayuda o al menos lo habría conversado con más de alguien a modo de desahogo y búsqueda de alternativas. Indudablemente sumergida en ese estado se le echa la culpa al día, el cansancio, las discusiones con quienes nos rodean, hasta que hice un alto y noté que esa disposición mía a tener todas esas dificultades cotidianas tenían un origen que era una depresión subclínica por la adaptación al ajuste alimenticio en sociedad.

Me rebele contra el mundo, me recogí en casa nuevamente en una posición muy anarquista y quienes quisieran compartir conmigo vengan acá dónde yo estoy en mi territorio. Había en mi interior rabia, enojo, fuerza, decisión.

Luego de mucho tiempo me propuse diseñar un plan de contingencia que me proteja en sociedad, andaba con frutos secos en el bolsillo, aprendí a explicar la sensibilidad de mi condición en los restoranes, cuando voy a reuniones sociales siempre salgo de mi casa comida y satisfecha (o voy intencionadamente a mi casa a comer), llevo cooperación de lo que quiero servirme al carrete.

Recupere soltura y equilibrio, encontré como fluir, pedía mucha ayuda para cocinar mi pan. Me volví muy matea con la planificación de mi menú y el abastecimiento de sus alimentos. Aún soy muy estricta y cuadrada en el abastecimiento de alternativas para mi comida, ya que en algún grado ello sostiene mi equilibrio psicológico y emocional.

Por ahí de pronto surgieron patologías inmunológicas asociadas a personas con celiaquía que me interrumpieron mi equilibrio, porque no quiero tener enfermedades ni depender de pastillas diarias (eutirox y en primavera antiestaminicos), ello rompe la visión de mi misma. Esas veces me rechazaba a mí misma por todo, hay ahí una intolerancia a la frustración que aún me cuesta trabajo aceptar y soltar.

Este es solo una parte de mi testimonio, no quiero decir que cada persona con celiaquía vaya a pasar por estos mismos estados emocionales y psicológicos, ni en el mismo orden luego de su diagnóstico. Sin duda todo depende si eres hombre o mujer, o si fuiste diagnosticado recién nacido, a los 10 o 20 o 60... años, no es lo mismo saber lo que te pierdes a no saber lo que te estás perdiendo, el despertar de la adolescencia trae consigo un descubrimiento del mundo y es muy natural revelarse a la abstención del gluten y en ese caso hay que bancarse las consecuencias. También depende si la abstención al gluten te reporta un alivio y mejoría en el cuerpo físico. Además influye de cuanta consciencia se tenga del impacto y consecuencias de respetar la dieta. En fin tiene muchas variantes, solo quiero poner el tema sobre la mesa e invitar a estar alerta a pedir ayuda para descargar las emociones destructivas y transmutar a sentimientos más amables y reconfortantes, ya que esta adaptación no es menor y no es necesario hacer el proceso solo. Es muy natural en este tránsito sentir inseguridad, soledad, frustración, desamparo y es más amable cuando lo transitas con la guía de alguien que sabe contenerte.

Ahora que lo pienso, la experiencia fue como perder un pariente muy cercano que su estado antes de partir demandó mucho trabajo para mí, donde lo primero fue un descanso su partida y luego afloraron emociones de perdida donde el duelo no se hizo con consciencia.

11.- Impacto Emocional Psicológico

Impacto social

Según cómo nos sentimos, es como nos ven los demás, puede que la primera impresión relacionada con el cambio de alimentación perdure más que los cambios que vayamos teniendo, ya que los cambios internos se pueden confundir con otros aspectos, desde la perspectiva de nuestro círculo social. En mi caso personal hay quienes me ven como idola, para ellos sería imposible sobrellevar la abstinencia.

A veces me ven tan resuelta que no me integran en mi condición y debo hacerme yo el espacio o esforzarme en ajustarme sin infringir mis sentimientos. En este punto es muy importante siempre sacar la voz, no es necesario gritar ni imponer nada, solo hacer saber o recordar que no podemos comer gluten, en las cenas corporativas, fiestas de celebraciones como matrimonios, bautizos, cada situación social en la que queramos participar y contenga una comida formal debemos hacer mención de nuestra condición, es muy nefasto quedarse callados y abstenerse de la comida o peor aún abstenerse del evento, primero que todo damos mensajes subliminales de una autoestima muy baja, además sería una actitud de doblegación y falta de respeto a nosotros mismos. En lo personal tengo un menú típico que pido en matrimonios y fiestas corporativas; entrada ensaladas lavadas, de fondo salmón a la plancha con papas cocidas, todo sin ningún tipo de aderezo, ni aliño más que aceite y sal, de postre frutas naturales (no conserva), para beber vino o jugo de fruta 100% y estrictamente natural (no pulpa). Te invito a definir tu menú para ocasiones formales.

Otras veces me hacen sentir como víctima; quieren que yo diga que comemos todos y me ponen en una posición tan incómoda. Bueno me incómodo porque es un grupo de amigos con presupuesto económico y de gustos bien chatarra, entonces me siento muy demandante decir que todos comemos sushi sin queso ni tempurizado y tomamos vino, siendo que sin mí la organización sería pizza, choripán, cerveza... En fin, esa es una sensación de

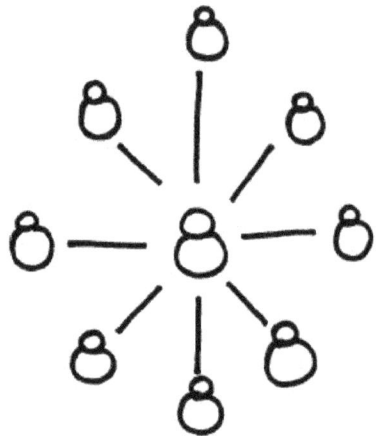

vulnerabilidad que me quiebra.

Cuando converso y explico el tema, la gente suele contestar que es complicado o difícil y lucho contra el efecto de esas palabras en mi interior, no quiero que me entren. En realidad, aquí no tengo mucho que recomendar porque es una situación real que ocurre con bastante frecuencia y continúa poniéndome tensa, quizás aquí va más el mensaje a los que acompañan a quien tiene celiaquía de no decirle que es complicado, ni difícil, son más sutiles y sinceras respuestas como: es sensible el tema, o tiene hartos detalles que considerar la situación...

Hay un tema de confianza e inseguridad con lo que estamos consumiendo si no lo preparo yo o alguien de mi plena confianza. Bueno es muy comprensible tener aprensiones con las preparaciones, especialmente cuando lo hemos pasado mal con los síntomas, aquí lo que puedo sugerir es meterse a la cocina y estar junto a quien prepara la comida conversando o ayudándole, en ese momento es acertado decir yo no puedo consumir ese aliño, me separas mi porción antes de ponerle ese aliño por favor, por ejemplo...la confianza se gana paulatinamente con pruebas de que la otra persona conoce y respeta nuestra restricción alimenticia; y además el otro aprende sobre la experiencia y que mejor que junto a nosotros.

La abstención del gluten no es una dieta para bajar de peso que puedo salirme un poquito y mañana me recuperó, no! La recuperación de cualquier cantidad de gluten toma un par de años. Lo que ocurre en nuestro intestino es una herida generalizada en el duodeno y el organismo completo se deteriora por un buen tiempo. Si estamos convencidos nosotros nadie nos insistirá.

Hay tantas reacciones como personas y momentos, lo importante es respetarse a sí mismo intransablemente y mostrar al entorno como relacionarse con nosotros. Si ejercemos una actitud firme, amable, constante y consistente, vamos a tener éxito en sociedad con nuestra condición celiaca.

Desafíos Pendientes

Me ha ocurrido mucho, por no decir siempre, que ante variadas necesidades médicas, específicamente medicina general por resfrío muy fuerte, traumatólogo por tendinitis en la mano, ginecología, dermatólogo por afecciones en la piel, endocrinólogo por hipotiroidismo, broncopulmonar por alergias en primavera, neurólogo por jaquecas, en urgencias por trastornos digestivos o dolores de cabeza, en fin, solo por mencionar algunas situaciones; me encuentro con recetas médicas en cero sintonía con la condición celiaca y muy poca empatía con la vulnerabilidad y fragilidad del paciente que solicita su atención y servicio ya que además de enferma, incomprendida y débil salgo con la tarea de buscar un medicamento equivalente al recetado pero sin gluten. En la farmacia el farmacéutico no tiene el conocimiento de donde puede estar el gluten y cuando tiene la disponibilidad de comunicarse con el laboratorio, tampoco conocen la profundidad de la situación.

La verdad muchas veces me propuse salir al médico con la lista de medicamentos certificados vigente y publicada por la fundación Convivir en el bolsillo, pero francamente cuando uno alcanza fiebre o el punto de malestar donde decide ir al médico, no tiene energía para encender el PC buscar e imprimir la lista. Los doctores tampoco tienen la disponibilidad de buscar la lista en la consulta, lo intenté algunas veces que en la sala de espera recordé que no imprimí la lista.

Bueno, claramente el plan de contingencia que podemos adoptar es llevar la lista de medicamentos certificados y vigentes al médico, no obstante lo que intentó plantear como desafío pendiente, es una campaña de concientización a todos los profesionales médicos de todas las especialidades de la profundidad e implicancias de la celiaquía, ya que tiene tanta importancia lo recetado, como incluso algunas veces el motivo de la consulta puede tener relación con el estado de la celiaquía. Es mi sensación que el paciente sabe más que el médico acerca de la celiaquía y si es así ¿en quién me apoyo cuando me siento enferma?

Algunas Recetas de

Cocina

Dado que para preparar comidas de almuerzo y cenas libres de gluten hay más información disponible, aquí me quiero referir a los alimentos horneados. Ahora bien, existen en el mercado una variedad de productos que son mezclas de harinas con propósitos definidos dónde es muy fácil preparar queques, tartaletas, pan, sopaipillas, masa para pizza, entre otros; no obstante, aquí quiero listar algunas recetas que se puedan hacer con ingredientes comunes y de fácil acceso en los supermercados chilenos.

Panqueque

- 1 Huevo
- 120 gr Maicena o chuño
- 200 cc Leche líquida certificada
- Relleno: manjar, mermelada o algo salado...lo que desees.

Batir el huevo incorporando la maicena (o chuño) lentamente, cuando este espeso agregue leche de a poco, mientras continúa batiendo siga agregando maicena (o chuño) y leche, hasta que se incorporen todos los ingredientes y quede un batido homogéneo.

Calentar un sartén con unas pocas gotas de aceite. Vierta una cantidad de la mezcla que cubra una capa fina el fondo del sartén. Cuando tome firmeza de vuelta el panqueque para que se cueza por ambos lados. Cuando esté cocido voltéelo en un plato para enfriar y posteriormente rellenar con lo que sea su preferencia.

Nuevamente coloque unas gotas de aceite en el sartén y voltee mezcla, repitiendo el proceso hasta terminar la mezcla.

Si los hace de tamaño plato de pan saldrán unas 10 unidades, si los fríe en una paila huevera, tendrá un poco más de 20 unidades.

Una alternativa es rellenar los panqueques extendidos y tapar con otro panqueque que también rellena y cubre, hasta formar una torta de panqueques.

Otra variación es hacer un gran panqueque en la lata del horno y hornear, para rellenar y enrollar como un brazo de reina.

Queque De Chuño

- 1/2 kg chuño
- 6 huevo(s)
- 1/4 Mantequilla certificada
- 1/4 kg azúcar flor
- 2 cucharadita(s) polvos de hornear certificado

Precalentar el horno a temperatura de 170°C.

Batir la mantequilla con el azúcar flor hasta que esté espumosa, agregar los huevos, uno a uno y seguir batiendo. Agregar el chuño unido con los polvos de hornear y revolver lentamente.

Vaciar la mezcla a un molde enmantequillado.

Hornear por 15 minutos a temperatura alta 170 grados calor solo por abajo, luego bajar la temperatura a 90 grados por 15 minutos más. Si falta dorado poner calor por arriba hasta que tome el dorado deseado.

Queque de Chocolate con Chuño

- 1 cucharada Chuño, cernida.
- 2 cucharadas polvo de hornear, certificado.
- 4 Huevos
- 3/4 taza de azúcar.
- 350 gr chocolate amargo en barra, certificado.
- 1/2 taza mantequilla, certificada.

Precalentar el horno a temperatura de 170°C.

Derretir el chocolate con la mantequilla a baño maría hasta obtener una mezcla suave. Aparte batir 4 claras de huevo a nieve.

Batir las yemas de huevo junto con la azúcar hasta espesar, incorporar el chocolate tibio. Luego incorpore el chuño, a continuación el polvo de hornear. Incorporar las claras batidas uniendo suavemente.

Poner en un molde previamente enmantequillado. Hornear 50 minutos a temperatura muy suave, meter un cuchillo para ver si esta cocido, dejar enfriar sin sacar del horno.

Leche Nevada

- 1 lt. Leche certificada.
- 5 Huevos enteros
- 450 gr Azúcar granulada
- 20 gr Maicena

Calentar 800 cc de leche con 250 gramos de la azúcar granulada, la idea es disolver los cristales de azúcar con la ayuda del calor.

Separar las claras de las yemas. Con las claras hacer un merengue, batir primero las claras hasta obtener montañas firmes de claras o que cuando demos vuelta el bol las claras queden firmemente pegadas y no se escurran. En ese momento debemos agregar 200 gramos de la azúcar granulada y batir hasta disolver los cristales de azúcar.

Disolver la maicena en la leche restante y agregar las yemas, mezclar hasta que esté uniforme y cernir la maicena con un colador para evitar grumos y el postre quede suave. Agregar la mezcla anterior a la leche cuando esta esté comenzando a hervir, revolver de manera constante para que la mezcla espese de manera pareja.

Una vez que la preparación haya espesado, sin quitar la olla del fuego, a fuego suave, agregar cucharadas del merengue y sumergir en la preparación, con esto se forma pequeños copos de nieve que serán independientes, repetir el proceso hasta acabar con el merengue y luego vaciar a la fuente para posteriormente servir el postre.

Lo puede servir caliente si así lo desea. Si lo van a servir frio lo recomendable es dejar enfriar 1 hora antes de servir.

Si desea, puede agregar algún saborizante como 3 gramos de canela o 2 gramos de clavos de olor, ralladura de una naranja o dos limones.

Flan

- 125 gr Azúcar
- 2 Huevos enteros
- 2 Yemas de huevo
- 250 ml Leche certificada

Caramelo

- 6 cucharadas Azúcar
- 1 cucharada Agua

Con las 6 cucharadas de azúcar y la cucharada de agua, hacer caramelo, calentándolo en un sartén hasta que tome el color café. Verter en los moldes para el flan.

Batir los huevos, las yemas y los 125 gr de azúcar. Añadir la leche y seguir batiendo. Llenar los moldes con la mezcla.

Introducir los moldes en el microondas a máxima potencia durante 2 minutos y medio. Volver a programar el microondas, pero ahora a media potencia durante 3 minutos.

Sacar y dejar enfriar. Introducir en el congelador. Desmoldar y consumir.

Alfajor

22 tapitas de alfajor de 4,5 cm diámetro

- 75 gr Mantequilla, certificada
- 75 gr Azúcar flor, pasados por un cedazo o colador
- 4 Yemas
- 250 gr Maicena, pasados por un cedazo o colador
- 5 gr Polvos de hornear, certificado
- 1 cucharadita de ralladura de limón

Relleno

- Manjar, certificado
- Coco rallado certificado

Batir la mantequilla y la azúcar, hasta que quede bien integrado. Agregar ralladura de limón. Agregar uno a uno las yemas. Sin batidora agregar la maicena, unir muy bien hasta formar una masa. Tiene que quedar una masa suave y homogénea.

Envolver en una bolsa y refrigerar por una hora.

Estirar la masa, y dejarla de 7 mm para que queden todos de la misma altura (ayudarse de palillos u otra cosa de 7 mm para medir el espesor de la masa).

Cortar con cortante o un molde de diámetro de máximo 4.5 cm ya que crecen bastante una vez cocidos. Poner sobre papel mantequilla enmantequillado.

Refrigerar por 30 minutos.

Hornear a 180 grados por 15 minutos Retirar y enfriar sobre un paño que esta doblado en dos. Rellenar con bastante manjar y pasarlo por coco.

Torta de quínoa y almendras

- 150 grs. Harina quínoa.
- 110 grs. Almendras picadas chicas.
- 150 grs. Azúcar.
- 150 grs. Mantequilla, certificada.
- 1 cucharadita Polvos de hornear, certificado.
- Ralladura de una naranja.
- 200 grs. Chocolate semi amargo, certificado.
- 3 huevos.
- 2 Peras.
- 1 cucharada. Mantequilla, certificada.
- Cobertura de chocolate semi amargo, certificado.

Precalentar el horno a temperatura de 170°C.

Mezclar la harina de quínoa, polvos de hornear, azúcar, almendras picadas, ralladura de naranja y la mantequilla. Batir hasta formar una masa arenosa. Incorporar los huevos uno a uno, mezclar bien. Agregar el chocolate picado y mezclar con una espátula.

Saltear las peras en la cucharada de mantequilla. Agregar las peras salteadas a la mezcla anterior. Vierta la mezcla anterior en un molde enmantequillado y enharinado.

Hornear durante 30 minutos. Desmolde y deje enfriar. Luego bañe con la cobertura de chocolate.

_____

Masa de tarta

- 100 grs. Chuño.
- 40 grs. Mantequilla, certificada.
- 2 cucharadas Queso rallado, certificado.
- 1 cucharadita Sal.
- 1 yema de huevo.
- 4 cucharadas Agua.
- 1 cucharada Maicena, diluida en 100 CC. de agua.

Mezclar con las manos el chuño y la mantequilla. Agregar el queso rallado y la sal. Incorporar la yema, el agua y la maicena diluida. Amasar muy bien. Estirar y forrar un molde para tarta. Rellenar con lo deseado.

Hornear por 20 minutos. (Se puede hacer dulce, cambiando el queso por azúcar).

Kuchen

Masa:

- 3 tazas Harina de arroz.
- 1/2 taza Azúcar flor.
- 3 cucharadas Mantequilla, certificada.
- 1 huevo.

Crema pastelera:

- 4 tazas Leche, certificada.
- 4 cucharaditas Azúcar.
- 2 Yemas de huevos.
- 1 cucharadita Esencia de vainilla.
- 4 cucharadas Harina de arroz.
- 1 taza Frutillas.

Migas:

- 2 tazas Harina de arroz.
- 4 cucharaditas Mantequilla.
- 3 cucharadas Azúcar.

Precalentar el horno a temperatura de 170°C.

Para la masa, mezcla todos los ingredientes, amasarlos y dejar reposar por 30 minutos.

Para la crema pastelera, hervir la leche, aparte en un bol mezcla las yemas con el azúcar, incorpora la harina y mezclar. Agregar la leche y cocinar por 6 minutos hasta que se vuelva espesa.

Para las migas, mezcla todos los ingredientes.

Estira la masa, rellenar con la crema pastelera y agregar las frutillas. Cubrir con las migas.

Hornear por 30 minutos.

Sopaipillas

- 2 tazas Harina de Arroz.
- 1 taza Chuño.
- 1 taza Zapallo cocido.
- 1/8 kg. Manteca, certificada.
- 3 cucharadas Polvos de hornear, certificado.
- Agua de la cocción del zapallo.
- Aceite para freír.

Cocer el zapallo en agua con sal. Pasarlo por cedazo y agregar la manteca.

Aparte mezclar chuño con harina de arroz y polvos de hornear. Luego incorporar el zapallo y formar una masa blanda. El agua de la cocción del zapallo, se agrega solamente si es necesario.

Uslerear y cortar las sopaipilllas. Con los dedos o tenedor hacer unas perforaciones.

Freír en aceite bien caliente.

Galletas

- 2 Claras de huevo.
- 1/4 taza Azúcar.
- 1/2 taza Almendras.
- 60 gr Mantequilla, certificada.
- 1 1/3 taza Harina de arroz.

Precalentar el horno a temperatura de 165 ° C.

Derretir la mantequilla y deja enfriar.

Batir las claras de huevo con el azúcar sin levantar la batidora. Agrega la harina y la mantequilla derretida hasta obtener una mezcla homogénea.

Sobre la lata del horno (idealmente cubierta con papel metálico) formar montículos pequeños de la mezcla (el equivalente a una cucharadita pequeña) espaciados lo suficiente entre ellos. Extender estas pequeñas pilas con el dorso de una cuchara. Espolvorear con las almendras.

Hornear 10 minutos.

Palitos

- 1,5 taza Harina de Arroz.
- 1,5 taza Chuño.
- 125 grs. Queso rallado, certificado.
- 3 huevos
- 1/2 taza de crema liquida o leche, certificado.
- 3 cucharadas Mantequilla, certificada.
- 2 cucharaditas Sal.
- 2 cucharaditas. Ají.

Precalentar el horno a temperatura de 170°C.

Mezclar la harina de arroz, chuño y queso rallado. Agregar la mantequilla y juntar con las manos hasta que quede como miga de pan. Luego agregar los huevos y mezclar bien. Por último, agregar ají, crema líquida o leche y juntar la masa con las manos. Forme los palitos y póngalos en la lata del horno (idealmente cubierta con papel metálico). Hornear por 20 minutos.

Churrascas de quínoa al horno

- 300 grs. Harina quínoa.
- 1,5 taza de Agua caliente.
- 1 cucharadita Sal.
- 1 cucharada Aceite.

Utensilios relevantes

- Film plástico.
- Papel metálico, aluza.

Mezclar todos los ingredientes hasta obtener una masa compacta que se pueda moldear con las manos. Una vez obtenida la masa envolver en film plástico y dejar reposar por 2 horas.

Transcurridas las 2 horas de reposo, precalentar el horno a temperatura de 170°C. Sacar y cubrir la lata del horno con papel metálico.

Cubrir el mesón de trabajo (donde se useará la masa) con film plástico.

Extraer una bolita de masa de un radio de unos 3 centímetros aproximadamente y amasar con las manos. Poner esa masa sobre el film plástico y aplastar la masa. Doblar el film plástico de modo que cubra o tape la masa y uslerear sobre el film plástico hasta conseguir el grosor, tamaño y forma deseado.

Desvestir la churrasca del film plástico y poner sobre la lata del horno previamente cubierta con papel metálico. Repetir este paso hasta convertir toda la masa en churrascas.

Hornear durante 10 minutos, voltear las churrascas y hornear por 10 minutos más. Sacar del horno y envolverlas churrascas en el papel metálico que se hornearon para conservar su humedad y textura.

Tortilla de pan

- 1 taza Harina quínoa.

- 1 taza Maicena.

- 1 taza Chuño.

- 1 taza Harina arroz.

- 1 taza Leche tibia (certificada)

- 125 grs. Manteca, mantequilla (certificada) o aceite.

- 1 cucharadita Levadura (certificada).

- 1 cucharada Sal.

Mezclar todos los ingredientes hasta obtener una masa homogénea, puede quedar un poco líquida o no, ello no altera el resultado. Aquí tienes dos opciones de cocción:

(1) Moldear y llevar al horno a temperatura de 170°C. El tiempo de cocción depende del tamaño y alto de la tortilla. Testear a los 20 minutos enterrando un palo de fósforo en el centro de la tortilla, si sale seco está cocida.

(2) Poner la masa en un sartén u olla gruesa tapada a fuego medio, a los 15 minutos voltearla y revisar cocción 10 minutos más tarde.

Perspectiva Holística

Desde una mirada integral somos seres compuestos de pensamientos, emociones, ego, espíritu, alma, éter y cuerpo físico; cada cosa que se materializa fue pensada, sentida, impulsada, registrada y energizada. Quizás se gestaron aisladamente y en un momento estas fuerzas se atrajeron con tal intensidad que se produjo la chispa de la creación...el big bang de la celiaquía!

Tomar consciencia de cada una de sus partes mejora sustancialmente la condición, quizás sea un primer paso para sanarla. Deseo en este capítulo inspirar en ti la introspección iluminadora del origen de tu celiaquía.

Del libro, *El gran diccionario de dolencias y enfermedades* de Jacques Martel extraigo y entiendo; la celiaquía es una respuesta sobre-activada del sistema inmunitario a una proteína específica, esa proteína no conlleva reacción en la mayoría de la gente y está identificada para mí como peligrosa por el sistema inmunitario, esta respuesta gatillada por una causa interior, es el lenguaje que el cuerpo usa para indicar que vivo un estado de agresividad y hostilidad respecto de una persona o una situación, la mente interpreta que está viviendo algo inusual y se expresa contra ello, ¿qué es lo que me sobre-activa tanto? El sistema inmunológico reacciona a algo (gluten), un símbolo mental, intenta rechazar, ocultar e ignorar lo que le molesta. Rechazo una parte mía que me agrede, Es el medio que uso para echar fuera lo que me agrede, de un modo bastante instintivo e inconsciente. Es una intolerancia profunda que molesta mis barreras de protección, que yo no hago consciente para apartarme o cubrirme de ello, no me disocio de esa persona o situación, así que mi cuerpo lo expresa, es mi resistencia, mi modo de decir no. Por otra parte el gluten, por el hecho de ser una parte de un alimento, se vincula a una experiencia en la cual estando colocado en una situación en la que tuve que decir que no, a algo que me gustaba mucho, sigue la frustración y me vuelvo intolerante a ello, frecuentemente es un miedo a lo nuevo y a la aventura, una falta de confianza frente a la vida, me siento ahora obligada a privarme de este tipo de alegría, pensando que la vida es algo ordinaria y plana. ¿Qué es lo que quiero evitar afrontar? ¿Qué es lo que me hace reaccionar tanto? ¿Qué es lo que me espanta tanto interiormente? ¿Existe algo de lo cual desconfío al punto de quererlo apartado de mí? ¿Hay algún cambio que debo hacer consciente, integrar y aceptar? (fin de la abstracción del libro citado).

El gluten está presente en el pan, mayoritariamente, dentro del simbolismo que tu mente asocia ¿que representa el pan para ti? ¿Alguna situación? ¿Alguna persona en una situación específica? ¿Alguna emoción que estas evitando añorar?

Habitualmente lo que tiene que ver con la nutrición se relaciona con la *primera fuente de alimentación* que tuvimos, la madre. Es otro punto de introspección mirar nuestra relación presente y pasada con nuestra madre, ¿qué tal es? ¿Satisface nuestras necesidades de nutrición?, ¿tuvimos lactancia materna el primer año de vida? Si es que no, ¿por qué no? ¿Qué pasó? ¿Que lo impidió?, si es que si tuvimos lactancia materna, ¿cuánto duro? ¿Fue buena experiencia? ese primer registro de nutrición que guardamos en nuestro aprendizaje, ¿cómo es? ¿Es placentero?   ¿Es   sereno?   ¿Nos   proporciona   confianza, seguridad, tranquilidad? ¿Afecto, amor, incondicionalidad?

Muy probablemente no tenemos memoria de esos recuerdos, y por eso te invito a conversar con tu mamá, tu papá, tus hermanos mayores, abuelos y tíos. Todos suman para completar la historia que podría despertar tus recuerdos, a veces la abuela recuerda un episodio particular que despierta ciertos flash en ti que te transportan a una emoción y esa emoción es muy importante, esa emoción suma para lo que estás viviendo ahora, la emoción tuya es lo más importante, más que lo que ocurrió en sí, porque incluso puede ser que ocurrió algo súper trivial para los demás, pero en ti provocó algo inusual que se guardó en tu registro como un evento.

En mi caso personal, nací de 8 meses de gestación y al otro día de salir del hospital, mi mamá se fue enferma de infección urinaria de vuelta al hospital con mi papá, dejándome al cuidado de mis hermanos y una vecina. Dice que yo tenía infección urinaria también y además reflujo, para ella eso explica que yo no mamaba, ni aceptaba leche de ningún tipo; tengo recuerdos de la etapa preescolar que me obligaban a tomar leche porque no me gustaba. Bueno, en esa época también rechazaba la carne y por lo que cuentan el pan y las galletas también. Estas fueron señales de que el gen celiaco estaba en mi ADN.

Generalmente las personas con problemas alimenticios que conozco, tienen lactancia materna ausente o muy escasa. Ahora esto no es una crítica a las madres, en absoluto! Como dije antes, lo importante es como el bebé registró esa experiencia, que emoción guarda, que y cuanta energía esa emoción bloquea e impide el natural flujo.

La PNL define los problemas inmunológicos como un error en el aprendizaje, vale decir, una alergia por ejemplo, el sistema responde bien a un elemento y de pronto empieza a responder erróneamente desencadenando todo un mecanismo de contención, entonces la tecnología de la PNL reprograma la respuesta por una correcta, la cual el organismo sabe y olvidó por alguna circunstancia (pensamiento, emoción, fuerza...). Volviendo entonces al registro de la experiencia, ¿cómo podemos llenar el vacío que la primera vez se truncó? A veces con conocer información complementaria de la perspectiva que tenemos aclara las cosas y vuelven a irrigarse zonas desiertas en nuestro cuerpo de energía vital.

Por otra parte el ego es nuestro miedo básico a la no existencia, que se camufla entre actitudes que buscan tener permanentemente la razón o conocer la razón de todo sobresaliendo (asegurando su existencia) por medio del intelecto u otra acción que llame la atención de los demás. Los demás constituyen una potencial amenaza o los intenta usar para sus propios fines. Esta es una fuerza muy potente, el miedo, la evasión del miedo, la distracción del foco al miedo. La fuerza del ego está en muchas de las cosas que hacemos.

Recuerdo que yo estaba en un trabajo donde buscaba el poder, quería autoridad y avanzaba en mi carrera asumiendo varias responsabilidades. Me llegue a sentir importante y no valorada ni cuidada. En un momento la situación se puso muy estresante, al punto de casi persecución, mi celular sonaba fuera del horario laboral para puro pedirme explicaciones y presionarme con resultados que no estaban en mi ámbito de respuesta. Recuerdo estar en la sala de espera del hematólogo, sonaba mi celular, con temblor en mi guata y en mis manos respire valentía suficiente para cortar el llamado sin contestarlo. Sé que quería tregua pero no a costa de mi imagen, parecía que la única manera de tomar un respiro laboral era con licencia médica, pero tendría que ser algo contundente para que el celular fuera dejado en paz.

Además yo me sentía enojada con ellos y desee estar hospitalizada para una fecha puntual de un proceso laboral importante, para que se las vieran sin mí y por ausencia valoraran mi aporte; Lo pensé y 4 meses después así fue, bueno mi hospitalización! La valorización nunca la sentí, en fin. No me siento orgullosa de esto por cierto, me sorprende el poder de la mente, ojala sea valorada la valentía que se requiere para reconocer esto, más sólo se viene a mí memoria decir que ninguno de los que estamos en la tierra podemos tirar la primera piedra, ni Cristo lo hizo cuando encarnó. Lo publico con mucha humildad y trasparencia en mi propósito de entregar un aporte en relación con la transversalidad de la gestación y manifestación de síntomas y/o enfermedades, específicamente en este caso la celiaquía.

Reflexiono y noto que mi duodeno es el que colapsó emocionalmente y alojó la celiaquía, y la función del duodeno es recibir las secreciones de las glándulas intestinales, la bilis y los jugos del páncreas. Como que en mi mundo exterior recibir tantas demandas me desbordó. Quizás el canal que recibe apoyo, es el que se encontraba desenergizado por algún bloqueo en las primeras experiencias de nutrición.

Por ejemplo: ¿Cómo respondes o reaccionas a las demandas externas?, ¿a la **presión de resultados y plazos**? Si no te sale bien ¿cuán expuesto estas a ese tipo de situaciones? Podría ser saludable hacer gestión sobre la frecuencia de esas situaciones o tener un plan de contingencia para esos casos, por ejemplo derivar la situación a un partner que si le resulta energizante ese tipo de casos.

No por nada está el capítulo de Sistema Digestivo, con definiciones muy conceptuales de las partes que forman este sistema que aloja la celiaquía. Ese es otro punto de partida para reflexionar, todo lo que nuestro organismo hace en el interior es reflejo de como nosotros nos desenvolvemos y actuamos con el exterior. Te invito a re-leerlo con esa mirada.

El duodeno es el comienzo del intestino delgado, el cual tiene la función de controlar y discriminar lo que absorbe, mientras que la mucosa del intestino biosintetiza y audita como esta ¿Cómo está el control que ejercemos sobre nuestro entorno? ¿Esta exacerbado, disminuido o está en su punto de equilibrio? ¿Hay algún grado de obsesión por controlar más de lo que está en nuestro ámbito? ¿Qué pasa si cedemos el control y dejamos que pase lo que tenga que pasar? ¿cómo esta nuestro grado de discriminación con el entorno? ¿auditar nos pone tensos?

Otra arista de trabajo con la condición celiaca es preguntarse; ¿Dónde sientes la rabia? ¿en qué parte del cuerpo sientes la emoción? ¿la pena? ¿los nervios?, ¿el miedo? ¿el amor? ¿Cómo lo sientes? ¿Qué le ocurre al cuerpo cuando estas sintiendo una emoción? Bueno, en mi caso tenía la guata toda estresada porque todo lo sentía como un apretón o tiritón de estómago o en el centro del abdomen por ahí por el duodeno, las distinciones eran la forma y tipo de aprete, pero todo se centraba en esa zona.

Luego de un trabajo sintergetico ordené y aprendí que la pena se siente en la garganta, naturalmente... un nudo en la garganta que se alivia con el llanto. La rabia se siente en las manos o en la mandíbula, el miedo en el centro del pecho, al igual que el amor... el amor se siente como un cálido calor y el miedo como una contracción en el centro del pecho.

Hay una correlación entre la celiaquía y el *acoplamiento emocional* que la zona abdominal aloja, queda abierta la invitación a hacer una introspección respecto de que emociones son las que se experimentan durante el día; en que parte del cuerpo se sienten y como se sienten, que le pasa al cuerpo cuando la emoción se encarna, una bitácora por un par de semanas puede ser muy ventajoso para tomar consciencia y tomar acción sobre eso.

No hay que desestimar que la celiaquía se compone de 3 elementos: (1) predisposición genética, (2) baja de defensas, y (3) sensibilidad en la pared intestinal, duodeno. Esa sensibilidad es muy probable que forme parte de una habilidad personal con la que se percibes el entorno, vale decir, quizás con mucha naturalidad sientes las emociones de las personas que te rodean, *empatía*. En ocasiones esa hipersensibilidad nos hace pasarlo mal si no somos consciente de esa particularidad, podemos estar confundiendo emociones propias con emociones ajenas o incluso colectivas, quizás tu entorno familiar o laboral permanece en la tensión o estrés y tú te sientes estresado sin que nada realmente amenace tu supervivencia en algún ámbito. La empatía es un don, el cual si no lo administras correctamente puede pasarte la cuenta. A la bitácora antes sugerida puedes agregarle un dato más: ¿qué gatilla la emoción? ¿es propia?.

Soy una convencida de que uno hereda energía, además de ADN con información de estructura física, y con esa empatía potenciamos esa energía en nuestras propias vidas, de algún modo el impacto que mi abuela, por ejemplo, grabó en su cuerpo energético eterico con una pérdida de un hijo, yo puedo heredarlo y acarrear esa fisura energética que me impide desenvolverme con plena convicción de sentirme completa, aun cuando yo desconozca esa información de mi abuela, en el supuesto de este ejemplo, y ese vacío se traduce en un miedo ilógico en mi experiencia, es difícil combatirlo porque es combatir a ciegas; por tanto, yo recomiendo hacer un árbol genealógico con atributos de síntomas, enfermedades, eventos relevantes, accidentes, etc. de cada familiar de al menos 4 generaciones atrás, tomando consciencia de las resistencias, emociones y conexiones que se van experimentado. Además es un bonito trabajo que te da a conocer tu ancestrologia.

Fuentes Que Me Nutrieron En Este Conocimiento

Cuando me senté a investigar con el firme propósito de entender y conocer a cabalidad la Celiaquía, fueron muchos días de estudio, reflexión y cazar cuanta oportunidad se cruzaba de obtener alguna luz que le diera coherencia a lo que en mi interior estaba reorganizándose, información, datos, sentimientos, síntomas, etc. Cada doctor que visitaba, le interrogaba respecto del tema, el que se convirtió en mi doctor de cabecera por varios años, le llevaba preguntas para llenar los vacíos que había en mi conocimiento, navegación web y lectura de etiquetas de productos en el supermercado formaron parte de mi nutrición de conocimiento.

Muchos sitios web ya no están disponibles y por tanto no los despliego aquí, otros cambiaron su organización de la página, pero siguen abarcando la temática así que si las despliego.

- El Rincón del Vago, Wikipedia y Monografías, enciclopedias libre; de aquí partí en mi documentación de lo que es el sistema digestivo, que si bien me lo habían enseñado en el colegio, nunca antes había tomado tanta relevancia SABER específicamente que FUNCION tenía cada componente de este sistema.

- Revista Médica de Chile, en su versión web en artículos que ya no están disponibles en línea me informé y aporto en mi entendimiento de los anticuerpos y exámenes específicos que deben diagnosticar la Celiaquía.

- Primer Simposio de Enfermedad Celíaca, 12 y 13 de abril 2007. "Temas Emergentes de Enfermedad Celíaca" Organizado por la fundación Convivir y la Universidad Católica, posteriormente se organizó exclusivamente para profesionales de la salud con un espacio reducido para la asistencia de paciente o público general. En aquel primer evento estaba más abierto y yo pude asistir como paciente y me sirvió mucho para conocer de la celiaquía y acerca de lo que los médicos hablan de este tema y como aquellos más comprometidos se esfuerzan en sensibilizar a sus colegas.

- Innumerables charlas que la fundación convivir da generalmente en el instituto de la cultura italiana, donde aborda distintos temas de gran interés donde recurrentemente voy puliendo mi conocimiento al respecto de la Celiaquía.

- Fundación Convivir, aquí encontré un barniz general de lo que consiste la Celiaquía, no obstante lo más permanente que continuo consultando es la lista de medicamentos y alimentos   certificados; http://www.fundacionconvivir.cl/home.html

- INTA, organismo dedicado medicamente a la salud del celiaco desde el punto de vista del trastorno alimenticio y desnutrición. En aquel momento que yo me encontraba investigando y aprendiendo era muy específico en celiaquía, hoy su sitio web tiene más contenido http://www.inta.cl/cedinta .

- COACEL, corporación de ayuda al celiaco que hace reuniones con sentido social donde presentan profesionales de la medicina al servicio. en este portal se encuentran opiniones, forros e intercambio de experiencias de personas que día a día viven la celiaquía http://www.coacel.cl

- Nutrisa esta es una empresa dedicada especialmente a los productos alimenticios de personas con dietas especiales, en este portal te podrás enterar de los distintos productos que ellos tienen en el mercado para nosotros, además publican recetas para los celiacos y se renuevan constantemente en sus productos y recetas. http://www.nutrisa.cl/

- Panadería el Pueblo, variada y económica en la página detalla los productos que ofrece. http://www.productoselpueblo.cl/

- Asociación celiaca Argentina, están más adelantados que nosotros y poco a poco nos están guiando y les estamos siguiendo los pasos http://www.celiaco.org.ar.

- Supermercados con despacho a domicilio a todo el país desde la web y lo más importante ¡Tienen productos sin gluten! www.jumbo.cl, www.lider.cl, www.tottus.cl En el buscador escribe 'sin gluten' es una forma de hacerlo fácil, o navegar por su menú para conocer más

.

Índice

www.ingramcontent.com/pod-product-compliance
Lightning Source LLC
Chambersburg PA
CBHW022032090426
42741CB00007B/1032